Le cas

Dame

Illustration de la couverture : la Dame.

Préambule

Éloge d'une amie, fervente admiratrice non seulement de mes écrits mais aussi de ce qu'elle nomme, comme relevant de ma part de beaucoup de « courage ».

« Je vous reconnais bien là, chère Dame, égale à vous-même, fidèle à vos trois amours, tellement épouse et mère, n'accordant aucune faiblesse à cet ami soignant parce que la vie ne vous a pas épargnée.

Votre amour maternel est immense pour votre enfant que cette maladie persécute et qui vous persécute aussi au plus profond de votre chair dans une brutalité morale et physique sans cesse présente.

Vous avez rêvé, chère Dame, vous avez cru en cet ami, à ces rencontres verbales, à ces échanges avec le Doc qui lui, a pillé votre amitié, bousculé votre savoir, sans compréhension ni réflexion de sa part, les galvaudant de façon « insensée » : ce Doc-là méritait-il votre sensibilité, l'attention et le pardon que vous lui avez accordé au fond de vous-même?

Il n'a pas compris, n'a pas su lire entre les lignes le sens de vos écrits percutants, qui n'étaient bien souvent que des appels à l'aide. Je voudrais que ce livre puisse être lu par des parents dans votre situation, qui ont eu l'impression d'être laissés dans un profond désarroi par une partie du corps médical. Ils y trouveraient force et compréhension.

Dommage, chère Dame, que le mot « fin » puisse prendre place en dernière page, vous allez me manquer. J'aimais l'amitié de la « Dame pour le Doc » et j'appréciais vos lettres philosophiques armées de riches références et citations, que seul ce Doc-là savait faire naître en votre esprit.

Il est vain de vouloir aider qui ne le veut point, mais ne le veut-il point?

Le Doc accordera-t-il à cette Dame une place dans ses souvenirs! Sa mémoire deviendra-t-elle stérile au point d'occulter l'image de cette main tendue qui n'était que générosité et amitié sincère sans égale. Je ne crois pas à l'oubli de cet épisode de sa vie, le Doc dans les écrits de la Dame a une sensibilité telle qu'il ne semble point être voué à vouloir abandonner!

Il n'y a pas de hasard, il n'y a que des rencontres que l'on ne doit pas laisser filer, mais encore faut-il les mériter et savoir les appréhender, dure réalité en soi.

« Science sans conscience n'est que ruine de l'âme » disait Rabelais.

Tant pis pour vous Doc, si vous avez choisi la mauvaise solution... »

Mireille

Introduction

La Dame n'est que cette entité, cette personne parmi tant d'autres, qui ne vit le jour qu'au travers de l'écoute d'un médecin chez qui elle ne se rendait point pour elle-même mais pour son cadet qui avait à supporter une maladie incurable.

Née un jour de l'été 2006, auprès de cette personne qu'elle surnomma assez rapidement : Le Doc, La Dame, désireuse d'anonymat, ne s'inventa un pareil pseudo que pour échapper aux regards malveillants. Ces deux êtres ne furent réunis, au départ, qu'au travers de la maladie de l'enfant.

Il s'en suivit une longue histoire de lettres. La Dame partit sur des chemins littéraires, où des échanges dialectiques, voire dialogiques, entre elle et lui les rapprochèrent malgré eux.

Si ce ne fut au départ des écrits ne relevant que de ce principal souhait d'inviter ce médecin à comprendre ce que pouvait vivre cette Dame à travers la maladie de son fils, ce n'a été, toutefois, par la suite, que le Doc qui lança les sujets au travers de réflexions par-ci par-là que la Dame, munie d'une excellente mémoire, retenait. Des pensées qui ne réveillaient tout à coup en son esprit que des explications qu'elle lui faisait parvenir essentiellement par lettre. Ainsi dans un monologue de l'écrit La Dame posait ses études personnelles sur le papier puis -en espérant que Le Doc parvienne à trouver des temps de lecture- en messagère de la pensée, lui déposait ses missives dans sa boîte aux lettres.

De sorte qu'à chaque rencontre Le Doc semblait trouver un certain plaisir à relancer La Dame sur de nouveaux sujets, de nouveaux thèmes, sans que jamais La Dame ne lui demandât quoi que ce soit.

Le Doc ne confiait à La Dame que ce qu'il avait bien envie de lui dire, comme si tout à coup ce Doc-là eut besoin des lumières de La

Dame pour éclairer ce que lui-même n'avait pu démêler à des moments précis de sa vie.

C'est ainsi que cette Dame ne requérant alors qu'une absolue confiance en un tel homme se permit de le convier à ses plus profonds délires d'écrivaine ayant tout à coup envie de dire, d'écrire au Doc des folies personnelles, alors que seule une fraternelle amitié la rapprochait de lui. Comme si ce frère de coeur était à même de tout entendre, de tout savoir de La Dame.

De fil en aiguille, La Dame multiplia ses lettres au Doc. Il fut l'Être qui ouvrit l'âme de La Dame à son don pour l'écrit. C'est là semble-t-il, à présent, une faculté de La Dame que sans sa profonde et fondamentale admiration pour Le Doc, elle n'aurait point jamais osé pratiquer.

A présent elle tente de retranscrire au travers d'ouvrages accessibles à tous, des lettres qu'elle n'émettait alors qu'à cet ami de coeur.

Mais désireuse de pouvoir ouvrir de tels écrits à un plus large public, sans pour autant en ôter l'essentielle primeur au Doc, La Dame se permit alors de réécrire de telles lettres, et ceci dans une reprise quasi totale de courriers qu'elle s'était permise de photocopier avant que de les envoyer à son destinataire, tellement stupéfaite elle-même de ce qu'elle pouvait relire d'écrits riches non seulement en vie personnelle, mais surtout et avant tout en littérature mythologique, philosophique...

Ainsi Le Doc garde et gardera toujours la version originale pour lui seul, La Dame ne recopiant pas vraiment et n'écrivant pas tout ce qu'elle a eu dit à son confident au travers de ses lettres. De cette façon, davantage travaillées littérairement, ces nouvelles versions de lettres sont plus à même de figurer dans un livre que leurs originaux, et Le Doc reste à tout jamais l'unique détenteur des secrets les plus profonds de La Dame.

Ce n'est donc que réveillée à sa capacité d'écrire, par un Doc qui semblait en apprécier le talent à l'époque, que La Dame est née.

Jamais ses remerciements ne seront à la hauteur d'un tel don de la vie, une rencontre inattendue, un cadeau de l'immanence tellement fort et riche de sens pour La Dame, que Le Doc ne peut imaginer l'immense reconnaissance qui est venue se loger en l'âme de La Dame et ceci même si actuellement ces deux entités-là se sont stupidement séparées fâchées!

Même si l'orientation actuelle pour les soins à l'enfant que nous l'avons obligé à prendre pour son petit patient -qui fut si longtemps déstabilisé dans sa maladie- n'a jamais été pour lui celle qu'il préconise pour ce type d'affection; même si ce n'est point là, pour Le Doc, le traitement qu'il connaisse le mieux, ne sachant point trop comment fonctionnent ces appareils qu'il estime coûter trop cher à la société et qui pourtant, depuis que mon enfant en a été pourvu, lui a quelque peu redonné vie ainsi qu'à moi-même; même si à présent La Dame croit en l'inaction du Doc pour les bons soins qu'il se devait de prodiguer à l'enfant; cette Dame-là ne pourra jamais en vouloir suffisamment au Doc pour désirer se fâcher avec lui et perdre ainsi un véritable ami.

C'est là essentiellement une Dame qui ne croit qu'en l'intelligence humaine et espère à chaque jour « que Dieu fait » que Le Doc saura tout à coup en user pour enfin comprendre ce que jusque-là il semble n'avoir point su voir, entendre, ni reconnaître : l'immense, l'intense souffrance d'une Dame ne voyant que « la chair de sa chair » souffrir tous les jours un mal que Le Doc ne parvenait point à soigner.

A présent que tous les réglages sont à peu près en place, un tel traitement n'a strictement plus rien à voir pour le bien être physique et psychique de cet enfant.

    La Dame elle-même n'a plus d'angoisses, et tellement moins de stress! De ces quatre ans et demi sans sommeil, à se lever trois à quatre fois par nuit pour surveiller les glycémies de son fils à seule fin de lui éviter les accidents en hypoglycémie du matin tellement traumatisant pour nous tous, n'en est ressorti que des paroles dures de réalités de faits que Le Doc ne pouvait point contrer, comme s'il se reconnaissait dans les propos d'une Dame qui ne croyait point en ce qu'elle lui disait, mais désirait seulement, de façon plutôt vindicative, le blesser profondément pour l'inviter à comprendre l'intense souffrance en laquelle elle se trouvait elle-même. A présent elle a pu récupérer un manque à gagner pour sa propre santé.

    En effet, dès que l'enfant fut stabilisé avec son appareil, subitement rassurée en son esprit, La Dame est parvenue à recouvrer une certaine santé, au cours de deux semaines durant lesquelles elle dormit quasiment nuit et jour, récupérant un manque de sommeil accumulé au cours de toutes ces dernières années.

La Dame garde envers l'ami Doc toute son admiration pour leurs échanges, ce partage amical entre eux, cette dialectique qu'ils surent pratiquer notamment au travers des questionnements de ce tendre ami, que La Dame n'a toujours considéré que comme une sensibilité à part.

D'un affectif dissimulé et visiblement en souffrance personnelle, cet ami-là reste dans l'âme de la Dame le meilleur, l' « *optimus* ». Elle lui garde toute son affection et saura mieux être auprès de lui en amie, qu'en mère accusatrice, désireuse de le voir ne souhaiter que le meilleur pour son enfant.

Entrez dans le monde de
La Dame.

La Dame se revoit en enfant plutôt facile à élever, silencieuse et surtout très craintive. Pourtant de fort caractère, cette Dame ne pouvait s'empêcher de dire ce qu'elle pensait quand l'injustice se présentait à sa porte ou lorsque un être fragile se trouvait malmené, elle prenait systématiquement la défense de « la veuve ou de l'orphelin ».

D'une intelligence vive mais plutôt à tendance paresseuse, elle ne faisait donc dans son travail scolaire que le minimum intellectuel et ne se servait principalement que d'une excellente mémoire visuelle et auditive qui lui permettait d'être à peu près moyenne en classe.

La Dame commença sa vie scolaire avec une année d'avance, excellente en mathématique, elle n'eut point cependant l'orthographe facile, ce fut là sa principale défaillance au sein même de son cursus.

Malgré tout, cette Dame, plus acharnée avec l'âge, sut acquérir une orthographe qu'elle nomme : « tardive ».

Avec la philosophie, elle sut se perfectionner en orthographe française. Parce que le sens de ce que nous tentons d'exprimer n'est que la signification qui invite, au bon moment, à utiliser les mots et les règles de grammaire adéquats et adaptés à ce que nous voulons dire, ceux et celles notamment qui permettent de pouvoir dire exactement ce que nous désirons faire entendre, mais qui aident également à être correctement interprété au moment même où nous énonçons ce que nous pensons.

La philosophie ne l'a invitée qu'au choix des mots, au désir à travers eux d'être le plus précis possible, sans erreur et sans déformation.

Toutefois, La Dame toujours désireuse de se perfectionner pratiqua, au cours d'un second cursus en licence de lettres classiques, le latin et le grec n'envisageant alors que le dessein de pouvoir accéder aux Philosophes antiques au travers de leur langue d'origine. Une formation qui ne lui permet point encore d'aller au coeur des textes de l'antiquité dans leur version originale, mais qui a su toutefois développer en elle une certaine forme d'intelligence personnelle au travers d'une culture bien plus que riche de sens.

Cette Dame-là sait, en son for intérieur, ne devoir tous ses acquis littéraires qu'à cet homme bien plus qu'extraordinaire par son savoir, sa culture sans commune mesure, et son intelligence au-delà de tout ce qui peut être imaginé et imaginable. D'une douceur sans égale et d'une patience digne de la médaille du mérite d'avoir osé être le mari de La Dame, cet époux, qui fut enseignant en lettres classiques permit à la « belle », (comme il aurait dit d'elle), à parvenir à ce qu'elle est devenue, semant en son esprit un grain d'humour plus fort que jamais.

Ce professeur illustre qu'elle a eu la chance d'épouser, fut pour La Dame ce cadeau des dieux, cette extraordinaire destinée d'avoir eu la plus miraculeuse vie amoureuse auprès de l'être le plus majestueusement beau de corps et d'esprit, et ceci malgré même le fait qu'elle ne sut être auprès de lui qu'une élève médiocre qui ne savait relever ses notes qu'en brillant par son intelligence, sa finesse d'esprit et sa puissante intuition. Le manque à gagner grammatical n'était pour l'élève, trop peu studieuse, qu'un réel handicap en français.

S'étant pourtant nettement améliorée auprès de lui, étant encore un peu jeune d'esprit, le baccalauréat français ne fut pour elle que moyen.

A présent que La Dame a su acquérir tout ce qui lui avait échappé dans sa jeunesse, elle put constater l'an passé -alors que la société lui imposait de repasser le baccalauréat pour pouvoir reprendre des études vingt-et-un ans après son second baccalauréat que la même société lui avait aussi imposé, (cette Dame avait eu le malheur d'arrêter ses études un an pour préparer des concours qu'elle n'a jamais pu obtenir. Pour revenir dans un cursus universitaire on lui imposa de repasser le baccalauréat)- que ce français, devenu bête noire de sa jeunesse, était à présent pour elle, dans une heure de gloire inattendue, une matière méritante, moyennant un 16 à l'écrit comme à l'oral. Une sorte de revanche sur l'enfance, avec une composition exécutée en une heure et demie au lieu des quatre heures accordées pour l'examen.

 A présent cette Dame doit à la société française, ainsi qu'à son système ahurissant, l'obtention de trois baccalauréats avec des spécificités toutes différentes : l'économie, puis la littérature et pour finir le domaine scientifique.

Autrement dit, elle a actuellement à son actif un cursus complet et complémentaire, avec la preuve qu'à quarante ans passés, cette Dame-là est encore capable d'obtenir le baccalauréat.

La Dame a désormais à son actif l'écriture facile, le verbe à propos, ce qui malheureusement peut parfois être mal venu pour certains qui ne peuvent nier les évidences lorsque La Dame s'exprime.

Ce n'est donc là qu'autant de formations qui lui valent désormais l'admiration de bon nombre de personnes qui trouvent La Dame admirable et méritoire dans son combat pour parvenir à un emploi stable et sûr, qui ne permettrait à cette Dame que de subvenir aux finances des études de ses deux garçons plutôt promis, au travers de leurs capacités scolaires, à un bel avenir.

La vie de La Dame

Cette Dame est née dans la douleur d'une famille qui assumait la présence d'une enfant devenue handicapée mentale à la suite d'une erreur médicale, essentiellement due à un médecin de campagne qui prescrivit en connaissance de cause des médicaments à proscrire pour une femme enceinte.

La future maman en toute confiance avait pris ce qui devait la soigner, sans imaginer une seule seconde que cela allait détruire certaines cellules du cerveau de son futur bébé.

Peut-être que ce soignant de l'époque avait eu l'idée un peu folle, mais selon laquelle cette maman n'étant que dans ses trois premiers mois perdrait l'embryon des suites de sa maladie, l'invitant à prescrire pareille pharmacologie. Toujours est-il que l'enfant s'était accrochée et n'avait alors plus que pour seule solution de supporter de vivre avec le handicap mental que la médication avait engendré *in utero*.

Cette grande soeur souffrait en son esprit sa différence d'avec son frère et ses autres soeurs. Elle n'exprima toute sa douleur, dans son enfance, qu'à travers une certaine violence physique, ne s'acharnant que sur les plus faibles. La jalousie naturelle, peut-être aussi d'une grande soeur envers ses petites soeurs ne se manifestant également qu'à travers les coups, La Dame ne fut point épargnée par pareille destinée jusqu'au jour où alors qu'elle avait déjà onze ans, elle comprit qu'en montrant sa force et sa capacité à pouvoir répondre le cas échéant, elle serait sauvée de pareilles « rouades ».

Une grande soeur que La Dame aime plus que tout au monde et non point parce qu'elle serait masochiste, mais parce qu'aucune méchanceté n'est ressortie de tout ce passé, mais tout au contraire une sincère compréhension envers les réelles souffrances intrinsèques de cette soeur, que seuls ses accès de violence animaient à l'époque pour extérioriser tout son profond désarroi.

Une soeur qui n'a en fait que la gentillesse à l'esprit et la souffrance au coeur, d'être en une différence telle que la dépendance est l'apanage de son vécu journalier. Un être sans défense qui ne mérite que l'amour des autres.

Jamais La Dame ne remerciera assez cette soeur-là d'avoir su former son psychisme à cette puissante capacité de ne jamais se laisser sombrer quoi qui lui arrive. Une formation à la dureté de la vie et à l'affrontement de l'adversité et de tous ses travers. Mais surtout et avant tout, à la défense de ceux qui souffrent et ne savent pas le manifester autrement qu'à travers une certaine violence.

La Dame veut écouter cette souffrancelà, une souffrance franche et droite sans faux semblant que l'altérité devrait savoir entendre.

Quand toute petite La Dame voyait cette soeur-là pleurer lors de fêtes de famille, elle comprenait tout à coup ce profond désarroi ressenti en cette vie qui lui en avait voulu avant même qu'elle soit née, c'est alors que La Dame pardonnait à cette grande soeur, tous les coups qu'elle lui avait assénés.

Une grande soeur qui n'est devenue avec le temps qu'une petite soeur à protéger du monde environnant, à défendre aussi, à épargner des regards!!! Autant de souffrance pour elle qu'elle ne méritait nullement.

De cette enfance est née La Dame avec un caractère très dur envers tout ce qui relève du médical, et même si cette Dame conçoit en son esprit que tout médical est à glorifier pour les tâches qu'il accomplit, elle le veut sérieux, l'attend sincère, le reçoit franc, l'espère compréhensif et capable d'un don de soi prêt au meilleur de lui-même.

    La Dame est d'une exigence sans commune mesure pour ce monde soignant, dure et sévère, n'espérant que le maximum pour le meilleur des résultats. Car pour cette Dame-là, des personnes qui ont entre leurs mains le pouvoir de vie et de mort d'individus en souffrances, ne peuvent qu'être droites, loyales, honnêtes, franches et surtout généreuses dans l'âme. D'une humilité apte, face à leurs capacités obligées en pareille profession, à savoir reconnaître que rien n'est jamais acquis et que tout reste à envisager.

    L'espoir n'étant que ce cheval de bataille que les soignants ont harnaché pour parvenir au meilleur d'eux-mêmes.

Lors de ses dix-sept ans, La Dame eut un grave accident sur un deux-roues, alors qu'ayant une de ses petites cousines de treize ans d'âge en charge, elle ne sut parfaire pareille responsabilité.

Elle ne parvint qu'à la convier à cette mort qui l'emporta dans cet accident, tellement imprévisible et pourtant irrémédiable, comme inévitable. Une Dame qui ne vaut guère grand chose face à un tel événementiel! Et ce ne sont pas les six mois d'immobilisation totale qui lui furent le plus dur! Non! Non! C'est bien davantage de découvrir par soi-même dans des non-dits ce que l'on avait tenté de lui cacher!

Une douleur intrinsèque bien plus intense que n'importe quelle souffrance physique qui n'était là que pour inviter cette Dame à son *mea culpa* face à cette disparition.

La souffrance et la douleur ne faisant plus qu'un en son esprit, ne parvenant plus à dissocier l'une de l'autre, elle accepta tous les maux sans rien dire, seules quelques larmes incontrôlables pouvaient exprimer son intense douleur.

Cette Dame survécut à ses blessures, eut la chance de garder ses deux jambes, l'une d'entre elles, vouée à l'amputation, n'ayant été sauvée que pour avoir « hasardeusement » été soignée par un homme qui ne pouvait envisager une jeune fille en pareil handicap physique.

Il fut pour elle un médecin qu'elle admirera toujours pour sa franchise, son sérieux, son profil bas face à des pouvoirs de soignant qui ne l'ont jamais empêché de rester un humain convié aussi non seulement aux erreurs mais surtout aux incapacités humaines en présence de situations devenues irréversibles, que seul un Dieu aurait pu soigner.

Une conscience réelle, chez un tel être,

de ce qui lui est ou non possible de pouvoir faire pour les autres.

Cette Dame ne survécut que dans l'ombre de cette cousine, comme si sa propre vie s'était dédoublée pour permettre à cette soeur du sort de perdurer dans son corps. Elle accepta toutes les souffrances, toutes les douleurs, laissant l'altérité la punir de ce dont elle s'imaginait être responsable.

Après six mois d'immobilisation totale, La Dame connut le fauteuil roulant durant quelques temps, puis pratiqua le cadre de marche avec un plâtre à chaque jambe, elle redécouvrit, mais en toute conscience cette fois-ci, les joies d'apprendre à remarcher. Quand ce fut le tour des béquilles, la partie était quasiment gagnée, La Dame remarchait sur ses deux jambes à elle.

Alors, les horribles cicatrices qui restèrent à jamais sur ces membres endoloris, ne furent plus désormais que les stigmates de ce *mea culpa* dont elle ne se relèvera jamais, et qui sera toujours cette croix qu'elle portera à présent sur ses épaules jusqu'à sa mort.

Ce fut là une adolescence très vite interrompue, et ce n'est qu'alors que La Dame souffrait dans sa chair une telle disconvenue, et qu'elle faisait confiance en un médical qui lui avait sauvé la vie, qu'elle eut cette triste appréhension au cours de ses dix-neuf ans d'une thérapeutique sexuelle abusive d'un soignant inconvenant. Il usa de son rôle médical pour pratiquer sur une jeune fille totalement déboussolée par tout ce qui avait précédé, un examen gynécologique malsain et ne relevant point de ses fonctions. Cette Dame ne parla jamais d'une telle honte de soi qu'elle ressentit en sortant de ce cabinet médical. Elle la porta silencieusement comme une punition qui lui revenait de droit.

La Dame ne sut que s'offrir une semaine de repos à l'hôpital dans un coma, que la médication de ce soignant-là lui permit d'engendrer. Tout à coup la vie lui étant devenue très laide, elle voulut rejoindre cette cousine qu'elle n'avait point su accompagner jusqu'au bout de son voyage.

La Dame, après avoir compris que ce n'était point là ni une punition, ni une chose normale et admissible de la part d'un soignant, a longtemps haï pareil acte de la part de ce médecin de famille. Jamais elle n'a su se donner à personne, jusqu'au jour miraculeux où elle accepta le seul, le principal, l'essentiel amour qu'elle n'ait jamais eu. Seule la profonde confiance qu'elle eut en cet homme, qui a su par la suite désirer être son époux, lui permit d'avoir le droit de conquérir ses abîmes intrinsèques de sa propre corporéité.

Le plus beau, le plus grand, le plus intelligent, le plus doux, le plus caressant, le plus reposant des amants. Celui-là seul qui parvînt à l'inviter à recouvrer la vie, l'unique père de ses enfants, le plus grand des hommes, le plus majestueux, le plus magnanime!!! La Dame ne fut qu'à cet homme-là, qui lui permit d'oublier tout le reste, qui l'amena vers son moi le plus profond.

Cet homme-là qui sut donc notamment, l'initier à la littérature, n'influença en rien La Dame dans le choix de sa propre voie, celle de la philosophie. Seul ce profond désir de recherche de sagesse pour enfin trouver une certaine forme de paix intérieure guida La Dame dans ses décisions. C'est donc un besoin d'ataraxie ne dépendant plus que de ce choix d'être au sein de cette matière-même à la recherche de soi-même qui guida ses pas vers la faculté de philosophie .

De connaissances en connaissances elle accédait à l'immensité du savoir et de ce fait à ses propres méconnaissances personnelles. Un autre infini qui ne permet d'envisager l'étude que jusqu'à la mort, sans jamais pouvoir espérer pourtant parvenir à savoir tout ce que l'on désirerait connaître.

 C'est ainsi que, de fil en aiguille, cet homme admirable, ce professeur inégalable, cet unique amant, fut à la retraite la même année que La Dame obtenait sa maîtrise en philosophie.

Dans un amour incommensurable, nous conçûmes alors, ce premier enfant Ambroise, qui naquit un mois et demi après que son père ait été lui-même soigné d'un « crabe » au rein droit.

 Alors que La Dame était plus que ronde, enceinte de sept mois de cet amour d'enfant, elle pleurait d'angoisse auprès de son compagnon opéré et soigné pour cette maladie mortelle.

 Il fut miraculeusement présent, et pourtant à peine remis, pour vivre le premier accouchement de La Dame, sous césarienne.

Souvent en butte auprès d'un médical mal approprié La Dame eut à ce moment-là à supporter un odieux anesthésiste, qui se complut à l'humilier pendant qu'on l'attachait sur la table d'opération.

Il ne souhaitait point un dimanche soir prendre le temps de pratiquer une anesthésie qui aurait permis de n'endormir que les membres inférieurs de La Dame, lui accordant de la sorte le bonheur de pouvoir être auprès de ce premier bébé dès son arrivée.

La Dame avait mal choisi son jour pour accoucher, alors que ce monsieur, de garde ce soir-là, avait un repas en famille et la malchance qu'un accidenté de la route se présenta juste après elle!

Il ne fit donc que selon son bon vouloir personnel, tout empreint d'égoïsme, il endormit La Dame complètement, puis dut partir s'occuper de l'accidenté de la route.

Malheureusement il ne fit point une anesthésie suffisante -peut être par peur des effets secondaires pour l'enfant. De sorte qu'en pleine opération elle entendit tout, sentit tout, mais ne fut pas assez réveillée pour pouvoir le manifester.

    Ceci lui permit toutefois de garder dans ses souvenirs ce précieux bonheur intérieur d'avoir pu entendre les premiers cris de son premier amour et ce fut là tellement plus que cette immense, incommensurable, inimaginable, voire impensable, douleur au bas ventre! La Dame ne fut sauvée de pareille torture que par une infirmière qui vit ses doigts bouger. On fit donc venir dans l'urgence un autre anesthésiste.

    Mais la Dame n'eut point le bonheur de voir son bébé qu'on l'emmenait déjà en réanimation sur les ordres de ce monsieur Grégoire, qui portait là le nom grec de celui qui veut dire « l'éveillé ». Un monsieur à contre emploi dans sa fonction, par rapport à son nom.

    Seule cette sage-femme, Aline, -une femme bien plus que sage, ayant elle-même eu à souffrir pareille disconvenue pour une première naissance- sut en cachette lui amener son bébé en réanimation, pour unir cette nouvelle maman à un nourrisson qui dans la pouponnière l'appelait, ne comprenant pas ce qui se passait.

    Ce n'était point encore, pourtant, la fin des misères de La Dame pour cet évènement-là. Dès le lendemain, réveillée vers les cinq heures par l'accidenté de la route qui se trouvait là, gémissant à ses côtés, une soignante la rassura en lui disant que vers les six heures on s'occuperait d'elle afin de pouvoir la conduire, vers les sept heures, auprès de son bébé.

    La Dame attendit jusqu'à neuf heures, sagement, en silence, (par unique peur de brusquer, d'être abandonnée dans son coin), le moment où on allait se décider à prendre conscience de sa présence et de cet intense désir d'aller rejoindre son amour. Trois longues heures qui n'ont laissé en sa mémoire que cet aspect horrible qu'elles eurent d'interminables. Une impression terrible de ne compter pour personne, de n'être point une sensibilité à prendre en charge, d'avoir été abandonnée dans sa profonde souffrance de n'avoir point eu le droit de voir son enfant et d'être auprès de son premier bébé.

Après autant de retenue de soi, cette Dame finit par avoir une crise lacrymale que plus rien ni personne ne parvenaient à stopper, un incontrôlable d'elle-même qu'autant d'inattention, vis-à-vis de son intense souffrance de nouvelle maman, avait engendrée.

Ce ne fut qu'une heure après, son système lacrymal toujours très humide, qu'on l'amenait enfin vers son enfant. Derrière cette vision brouillée elle vit ce bébé tant attendu, tant espéré !

    Elle ne le lâcha plus jamais, récupéra ces quelques heures perdues en le gardant auprès d'elle dans son lit et ceci malgré toutes les désapprobations des soignantes d'alentour, qu'elle n'entendait pas, n'écoutant que son coeur de mère. Toute la force de La Dame ne relevant que de ses facultés à savoir déterminer ce qui est bon ou mauvais dans une vie où tout n'est que dureté et non écoute de l'autre.

    Un garçon admirable qui ne fut élevé que dans l'amour, auprès de littéraires qui surent lui enseigner les valeurs essentielles de la vie et les façons de savoir être auprès des autres.

    Alors qu'il avait dépassé sa première année, ses parents décidèrent de s'unir pour la vie.

Une joie qui fut entachée elle aussi par une nouvelle découverte que les prises de sang prénuptiales permirent de mettre à jour. C'est ainsi que La Dame apprit à ce moment-là que les transfusions sanguines qui lui avaient permis de recouvrer la vie lors de son accident, lui avaient aussi donné une maladie. Maladie qui n'était pourtant pas la pire de toutes les maladies qui furent découvertes dans le monde trois ans après l'accident de La Dame.

Une hépatite C, la seule de toutes les hépatites qui puisse éventuellement se soigner et obtenir d'excellents résultats de guérison totale pour certains.

La Dame fut envoyée sur Bordeaux pour consulter un spécialiste.

Ce ne fut point là un choix de bon augure. Nous nous retrouvâmes en face d'une femme médecin qui, voyant La Dame en présence d'un mari de trente ans son aîné, immédiatement la jugea, la classa.

Cette personne sans aucune finesse intellective ne sut point imaginer, une seule seconde, en son esprit, l'amour que La Dame et cet homme partageaient là. Un amour vécu par ces deux êtres dans son plus grand et plus essentiel absolu. Un sentiment d'une profondeur telle que rien de tout le reste n'a plus la moindre importance. Une vue de l'esprit extraordinaire, laissant de côté tout ce superficiel auquel ce médecin, en ignorante de ce que nous vivions, ne savait quant à elle que se raccrocher. N'ayant alors que le sexe comme référence au bonheur, ce docteur voulut me vacciner contre l'hépatite B, car pour elle de toute évidence avec un tel écart d'âge je ne pouvais que tromper mon doux et tendre compagnon.

Alors que je lui faisais comprendre qu'il n'y avait pour moi aucun facteur de risque, elle ne voulut point y croire, persuadée dans sa petite vie d'individu seulement vouée au monde sensible, qu'il ne pouvait point en être autrement que comme elle-même le pensait, de toute évidence cet homme-là ne devait point satisfaire La Dame.

N'envisageant son propre bonheur que dans un tel superficiel, un inessentiel à la vie véritable, la seule, celle qui n'est autre que « la vie de l'âme », son manque d'intellectualisme à ce sujet ne faisait que la tromper sur nos personnalités. Ce n'est pourtant qu'en une telle « vie » que l'amour entre intellectuels se complait, le corporel n'étant en soi qu'une forme de « cerise sur le gâteau ». Parce que sans le fruit le gâteau reste excellent, ce supplément reste inessentiel et sans réelle valeur fondamentale, une attraction pour la simple vue qui vous invite à y goûter et lorsque vous le faites, la cerise n'est point au goût attendu dès lors qu'elle ne s'accompagne pas du gâteau qu'elle décorait. Seul ce qui est autour de tout ce qui relève du sensible corporel, tels que : les sentiments, la profondeur de l'échange entre les êtres, la richesse intellectuelle que le partage des idées sollicite, peuvent convier à l'amour véritable et avec lui à la satisfaction d'une sexualité qui ne relève essentiellement que de l'esprit.

Cette femme-là aussi inconsciente en amour que dans sa vie de médecin, me fit une biopsie du foie dans une chambre, totalement à l'aveugle.

La Dame n'eut alors qu'énormément de chance de ne point faire d'épanchement, parce que seule dans cette chambre d'hôpital universitaire, quasiment sans surveillance nocturne, cette Dame-là, sans doute morte à l'heure qu'il est, ne pourrait point vous offrir ses fragiles écrits.

En de tels lieux, rien ne fut fait pour rassurer, mis en confiance et nous faisions beaucoup de route pour que je sois traitée en numéro à l'arrivée. La Dame décidait alors de ne plus y retourner.

La Dame n'ayant toujours eu qu'une vie saine, un corps renforcé pour n'avoir jamais pris aucune substance nocive, se permit d'attendre d'avoir offert à son premier amour d'enfant, un cadet avant de se faire soigner. Et comme il ne suffit pas de désirer quelque chose pour que cela se fasse le plus simplement du monde, la chose ne fut pas, non plus, quant à elle, très aisée.

La Dame ne connaissant point la facilité, alors qu'après bien des péripéties elle se trouvait enceinte de quatre mois, elle dut accepter que ce foetus non viable soit emporté d'un arrêt du coeur, un second enfant qui ne connut jamais le jour.

Toutefois la force de caractère de La Dame étant telle, elle espéra l'enfant à venir et par la suite La Dame fut récompensée de ses efforts et de sa constance, en ayant le plaisir d'attendre une petite fille prénommée Marialice. Mais voilà, La Dame ne devait jamais mettre au monde une petite fille, celle-ci n'eut point quant à elle non plus le choix de voir le jour. C'est avec une hydrocéphalie au cours du sixième mois de grossesse que de l'eau avait pris la place de son cerveau. Ce fut ce jour-là « aussi » -La Dame ne sachant, encore et toujours, rien faire simplement- une découverte toute en éclat!

En effet, alors que La Dame avait été oubliée dans la salle d'attente du gynécologue, que cela faisait bientôt trois heures qu'elle attendait, le médecin spécialiste la retrouva dans la cage d'escalier en larmes. Il l'invita à venir dans son cabinet après s'être expliqué avec le secrétariat.

Cet homme fut d'une patience incommensurable, il attendit notamment que La Dame parvienne à se calmer.

Puis lorsqu'il fit l'échographie il fut complètement décomposé, obligé d'annoncer l'inaudible à une maman déjà plutôt perturbée.

Il dit alors à La Dame « Y a un souci », « de quel ordre ? » lui demandait-elle, « grave » lui dit-il, puis il rajouta « ce n'est vraiment pas votre jour ! ».

Comprenant quelque peu les images des échographies et ayant l'écran juste devant elle elle lui a dit « cette partie toute noire, c'est le cerveau ! », il lui a répondu « oui », alors c'est elle qui lui a dit « quand c'est noir c'est qu'il n'y a rien ! », il lui a répondu « vous avez tout compris, le noir ce n'est que de l'eau ».

Une expertise s'imposant, et une grève se déroulant, il mit tout en oeuvre pour que La Dame n'ait point, en plus, à subir tous les aléas sociaux.

Il fut extraordinaire de compréhension, d'attention et de capacité à savoir se faire entendre pour obtenir le nécessaire au meilleur « être » de La Dame. Il fit son maximum pour que La Dame n'ait point à souffrir des jours durant ce bébé non viable en son sein, qu'elle n'ait point aussi à mettre au monde dans la douleur une enfant qui ne voulait point sortir malgré toute la médication donnée pour l'inviter à se décrocher. D'horribles instants qu'il s'appliqua, autant que faire ce peut, à lui faire oublier le plus vite possible.

Un médecin qui sans être dans une peau féminine, parvenait à saisir toute la dimension de l'immense souffrance de la femme dans son corps de mère, qui pour l'heure n'en fut point une avec cette enfant-là.

La dame étant d'une ténacité sans égale, quelques mois plus tard, cette petite fille, ayant réchauffé le lit utérin, avait laissé sa place à un petit frère que La Dame prénomma Adéodat dans cet unique espoir que ce prénom-là signifiant « donné par Dieu », soit voué à permettre à ce futur bébé de parvenir au monde en étant protégé par un invisible qui sous le pari pascalien permettait de n'avoir rien à perdre, voire tout au contraire avoir tout à gagner, en croyant pour cet enfant-là en un Dieu invisible et protecteur pour sa petite vie d'humain sans défense.

Ce fut aussi quant à la mise au monde de cet enfant-là, un accouchement mémorable et ceci même si les raisons en furent toutes autres, elles n'en ont point été moins anodines.

En effet, concours de circonstance ou non, quand on connaît la canonisation de Saint Adéodat, -ce personnage glorifié dans les Vosges pour son étrange pouvoir de savoir faire fuir les tempêtes rien qu'en levant son bâton, donna son nom aux habitants de la ville dans laquelle il officiait à Saint Dié : les déodatiens- on est stupéfait de découvrir que cet enfant est né le 29 décembre 1999 en pleine tempête.

Ce ne fut au final, pour cette nouvelle naissance, que bien malheureux pour nous. Ceci seulement parce que nous eûmes à faire à un personnel soignant exacerbé par le manque à gagner pour sa relève, qu'avaient occasionné les intempéries en ayant fermé les routes, coupés certaines voies d'accès, bloquant beaucoup de personnes chez elles pendant plusieurs jours.

Suite à une forme de maltraitance d'une infirmière qui ne supportait pas à avoir à perdre son temps en changeant une perfusion qui fuyait, alors que La Dame la rappelait pour la troisième fois parce que tout le produit coulait dans son lit au lieu de couler dans ses veines, elle devenait la patiente insupportable, pénible, exaspérante..., l'infirmière décida par elle-même tout à coup que La Dame n'avait plus besoin de ce soin-là et lui enleva la perfusion.

A peine une demi-heure plus tard La Dame fut atteinte de tremblements. Alors elle se dit sur l'instant que ce ne devait être qu'une simple envie urgente qui la mettait en un tel état. Pourtant une fois sur les toilettes, les tremblements s'intensifièrent et devinrent subitement immaîtrisables.

Elle revint à son lit difficilement, ne pouvant plus alors que s'appuyer contre, il s'était écoulé un bon quart d'heure supplémentaire.

La Dame décida, bien malgré elle, de sonner à nouveau, les tremblements étant devenus d'une puissance insensée, indescriptible et tellement angoissante. La Dame a vu les aiguilles de son réveil tourner, il s'est passé presque vingt minutes avant que quelqu'un ne vienne et ne la trouve au bord du lit cramponnée aux draps, aux barres, à tout ce qu'elle avait pu attraper, la langue retournée en dedans afin de ne point la couper avec ses dents, tant les tremblements étaient devenus forts, puissants, intenses... Nous étions le 31 décembre 1999, et tout ce temps passé à attendre elle se disait dans sa tête qu'elle ne verrait pas l'an 2000, que tel était son destin, pleurant un manque à gagner en soins médicaux, espérant sans cesse voir la porte s'ouvrir, mais sentant pourtant arriver sa dernière heure.

Ce furent là des minutes interminables, une éternité qui s'est inscrite en l'esprit de La Dame où elle a pu sentir ce que la fin tout à coup l'invitait à penser pour son époux, son fils aîné et ce nouveau bébé qui ne connaîtrait jamais sa maman.

La personne qui la trouva en un tel état, fut tellement affolée par le tableau qu'offrait La Dame, qu'elle hurla, le docteur fut présent en trois minutes à peine, d'un coup de pied il poussa le berceau dans un angle de la pièce et fut immédiatement auprès de La Dame pour l'ausculter tout en donnant des ordres, s'énervant en ne voyant plus la perfusion...

Bref, une couverture de survie, des médicaments adaptés, au bout d'une demie heure La Dame ne tremblait quasiment plus.

Cette Dame-là réalisa alors que nous sommes bien peu de chose et que nous sommes immédiatement méjugés par le personnel soignant, dès que des inconvénients mineurs s'installent dans leur vie. Je dis mineur, parce qu'en ce milieu médical ils n'aiment point les imprévus et pourtant sont voués à les rencontrer, l'être humain n'étant que surprise et le matériel pas toujours très performant...

Changer une perfusion lui aurait pris cinq à dix minutes, pour l'heure elle en avait perdu quarante-cinq au bas mot, sans compter qu'elle aurait aussi pu perdre une patiente et faire des orphelins de mère.

Ce fut encore pour La Dame une mauvaise expérience d'un médical toujours prêt à vous juger, à déterminer de ce que vous êtes, de qui vous êtes sans même vous connaître.

Seul ce fabuleux gynécologue qui avait été si présent lorsque La Dame avait perdu cette fille qui n'est jamais venue au monde, fut formidable de patience, rassurant sur ce qui arrivait, alors que La Dame comprenait bien qu'il ne savait pas ce qui avait pu se passer alors, et que lui-même percevait bien que cette Dame lisait en lui, et que bien loin de la sous-estimer, tout au contraire il savait que La Dame savait que lui-même ne savait pas.

Un médecin avec une grande finesse d'esprit et très humble face à ses patients. Un scientifique avec une réelle fibre littéraire capable d'analyse intellectuelle et franche de ce qui est possible et de ce qui ne l'est point.

Il est tellement rare de rencontrer de tels médecins sans aucune fierté personnelle et ne désirant que le bien être de leurs patients!

Quelques trois mois plus tard, alors que La Dame avait réussi la deuxième merveille du monde, elle reprit ce dessein de désirer soigner cette maladie qui lui avait été donnée lors de ses dix-sept ans alors que l'on tentait de lui sauver la vie en lui transfusant poche de sang sur poche de sang.

Grâce à son amie Miel, qui se trouvait être infirmière dans un service de l'hôpital d'une ville à proximité de chez nous qui soignait ce type d'affection, La Dame reçut les meilleurs soins. Cette amie de jeunesse lui prit rendez-vous auprès de son chef de service. Nous eûmes alors l'occasion de rencontrer un homme extraordinaire de bonté, de gentillesse, aimant énormément les enfants, toujours prêt à jouer avec nos garçons, avant de s'occuper de leur maman.

Il fit quant à lui, à La Dame, une biopsie

sous échographie, voyant exactement où il dirigeait son instrument. La Dame avait son amie auprès d'elle, une chance bénie des dieux.

La Dame entamait donc le traitement dans les meilleures conditions. Un traitement très lourd comportant une bi-thérapie à base de piqûres et de comprimés à avaler trois fois par semaine pendant un an et ceci avec une forte grippe à la clé à chaque prise, nécessitant de fortes doses d'antalgiques.

Alors que La Dame avait fait huit mois de traitement, qu'elle en avait tous les effets secondaires possibles et imaginables -en butte à une grosse anorexie mentale elle perdit quinze kilos; aux prises à une hypothyroïdie se présentant comme une hyperthyroïdie avec de grosses pertes de sommeil; puis sous le joug d'une dépression avec de grosses difficultés quant au contrôle d'elle-même... j'en passe!!!- elle avait rendez-vous avec ce fabuleux médecin.

C'est alors qu'elle se permit subitement de lui annoncer qu'elle arrêtait tout, qu'elle n'en pouvait plus... Subitement il se fâcha contre elle, il lui montra qu'elle était déjà quasiment guérie totalement, que très peu arrivaient à de tels résultats et que souvent le traitement n'avait aucun effet sur certaines personnes. Il lui expliqua que tous les effets secondaires disparaîtraient après l'arrêt du traitement, mais fut catégorique sur le fait qu'il lui fallait aller jusqu'au bout des un an pour que les effets soient maximaux.

Trois jours après ce rendez-vous qui l'avait quelque peu démoli psychiquement, son amie infirmière lui téléphonait pour lui annoncer la mort de cet homme de 42 ans, un père de famille avec deux enfants de l'âge des siens (2 et 5 ans). La Dame fut absolument effondrée, l'évènement ne fit qu'intensifier l'anorexie qui ne la lâchait plus, elle perdit dix kilos en deux semaines, mais poursuivit son traitement en mémoire de lui et de tout ce qu'il lui avait dit.

C'est ainsi que La Dame fut non seulement guérie totalement de cette maladie-là, mais qu'elle en obtenait également une vaccination définitive.

Ce fut là une persévérance bien récompensée, mais une blessure psychologique qui ne se referma jamais. Depuis ce temps-là La Dame repense souvent à ce fabuleux médecin qui disparut dans la fleur de l'âge.

Alors que la vie semblait avoir repris un cours normal, La Dame put enfin pratiquer le métier pour lequel elle avait été formée, professeur en philosophie, nous fûmes à peu près tranquilles, médicalement parlant, environ trois ans. Entourés de deux enfants merveilleux, beaux et d'une extraordinaire intelligence, tellement joyeux de vivre!

Un jour alors que La Dame enseignait et

qu'elle relisait avec ses élèves des polycopiés qu'elle avait fait recopier à l'ordinateur par son mari après les avoir préparés à la main, elle s'aperçut aux fautes d'imprimerie, de mots mis pour d'autres... que l'amour de sa vie avait un sérieux problème. Il se mit également à avoir des troubles de l'équilibre et de la marche. La Dame fut alors très inquiète, pressentant le pire, elle décidait qu'en rentrant elle l'imposerait à son docteur qui avait préalablement déclaré ne point avoir de temps ce jour-là à leur accorder. La Dame déposait son époux dans sa salle d'attente, puis repartit chercher ses enfants à l'école. Quand elle revint, le médecin avait fait entrer son époux dans son cabinet après l'avoir trouvé endormi contre le radiateur.

Le docteur l'ayant réveillé, le doux et tendre de La Dame ne savait plus où il était. Elle jeta alors à la figure de La Dame que son époux avait fait un AVC.

Alors La Dame se fâcha, parce qu'elle comprenait bien que le docteur n'était pas contente qu'elle lui ait imposé ce patient sans son accord. C'est alors que La Dame, toujours prête à défendre ceux qu'elle aime, lui a immédiatement montré qu'elle ne pouvait pas affirmer une telle chose sans avoir fait faire des examens, et lui fit aussi miroiter que la perte d'équilibre était souvent due à l'oreille interne et que d'autre part si elle-même avait été réveillée ailleurs que chez elle, il lui aurait fallu un certain temps pour se rappeler où elle se trouvait.

Bref elle dit à La Dame, assez méchamment « si vous obtenez un rendez-vous auprès d'un ORL, dites-le moi je lui enverrai un fax. ».

Nous repartîmes donc, comme nous étions venus. Toutefois La Dame ne manquait point dès son arrivée à la maison, avec son mari plutôt handicapé par ce qui lui arrivait, de téléphoner immédiatement à un ORL et expliquant clairement la situation, obtenait le rendez-vous dès le lendemain.

L'ORL, en docteur consciencieux, examina l'époux de La Dame et assez vite lui dit « je vous prescris un scanner, surtout précisez bien que c'est urgent », il lui remit l'ordonnance entre les mains et la tenant encore il la regarda dans les yeux et ajouta « très urgent ». Elle avait compris.

Nous allâmes immédiatement prendre rendez-vous. La Dame laissait son époux et ses enfants dans la voiture et se rendait seule au secrétariat. Elle regardait la secrétaire tourner des pages pleines de rendez-vous et la laissait lui annoncer un rendez-vous pour dans quinze jours. Elle lui dit alors d'un ton froid et dur « s'il n'est pas mort d'ici là, nous viendrons. ».

Elle leva les yeux sur La Dame, c'est alors que fatiguée par la bataille qu'elle avait dû mener seule jusque-là, sans compter les difficultés du quotidien à la maison et le travail auprès des élèves, les larmes lui vinrent aux yeux sans mot dire. La secrétaire lui dit alors, chose classique pour nous « c'est votre papa? », La Dame lui répondit aussitôt « non c'est mon mari et il est actuellement dans la voiture avec nos deux enfants (5 ans et 9 ans). », alors elle retourna les pages en sens inverse et lui dit « venez demain, c'est moi qui serai là je m'arrangerai. ». La Dame remercia cette personne qui semblait avoir compris par où elle avait dû passer avant d'arriver jusqu'à elle.

A peine le scanner eût-il été fait que nous étions déjà attendus par l'ORL, au vu des images La radiologie l'avait immédiatement contacté pour lui signaler la gravité de ce qu'ils avaient découvert, des tumeurs au cervelet dont la plus grosse était entourée d'un oedème qui comprimait le cerveau.

Dès que nous fûmes arrivés chez ce

médecin très consciencieux, sans plus attendre il nous reçut. Alors qu'il essayait par des mots détournés de nous expliquer ce qu'il en était, La Dame lui dit immédiatement : « oui nous avons compris, il a un cancer au cervelet ».

Ne sachant point que l'époux de La Dame avait déjà eu un cancer il fut étonné et me dit ce ne sont peut-être pas des tumeurs cancéreuses, alors je lui expliquais la situation et lui dis tout net « ce sont très certainement des métastases. ».

Il put, de la sorte, très facilement nous convaincre d'accepter d'entrer le jour même dans un service spécialisé sur Bordeaux où il connaissait bien le chirurgien qui prit en charge l'époux de La Dame.

C'est ainsi qu'en trois jours La Dame avait fait toutes les démarches, obtenu tous les rendez-vous quasiment toute seule, puis aidée ensuite par ce précieux ORL qui fut d'un réel grand secours.

L'hématome résorbé à l'aide d'une pharmacologie adaptée, le mari de La Dame fut opéré en urgence. Il lui fut enlevé alors la plus grosse des tumeurs.

Seulement, ce médical dans sa plus grande difficulté à savoir communiquer auprès de ses malades, a cru, sans doute, pouvoir nous cacher des choses.

Pour commencer, il ne me signalèrent point l'arrêt cardiaque au cours de l'opération et la réanimation qui dut s'en suivre.

C'était sans compter sur l'intelligence et la force de caractère de La Dame, pour parvenir coûte que coûte à tout savoir. Il n'est guère concevable de souhaiter cacher quelque chose à cette Dame-là parce qu'elle le ressent immédiatement.

Ainsi quand elle vit que son époux fit plus de réanimation que prévu, que l'opération fut plus longue que ne l'avait pensé au prime abord le chirurgien qui l'opérait, elle réussit par tous les moyens à obtenir un droit de visite en réanimation, et une fois sur les lieux à pouvoir rester auprès de son époux, malgré les interdits du service. C'est ainsi que La Dame obtint même le droit de faire manger son époux. La personne présente dans les lieux ayant très vite sympathisé avec La Dame eut tout aussitôt confiance en elle, se mit à discuter tout d'abord de choses et d'autres concernant le médical en général. Cette infirmière avait, quant à elle, eu aussi un gros souci médical avec un proche et, quoi que du métier, ne fut point tenue au courant de tout ce qui s'était passé, de tout ce qui avait été médicalement fait. Elle se mit donc à prévenir La Dame quant à l'arrêt cardiaque de son époux dans cette seule vue de l'esprit de pallier, lors d'éventuelles autres interventions, les possibles risques encourus, permettant ainsi la prise de précautions nécessaire en connaissance de cause, à cet instant-là.

D'autre part, rien ne fut dit à La Dame concernant les autres tumeurs, on nous orienta seulement vers un oncologue, qui fut très surpris de nous entendre dire qu'on ne nous l'avait point signalé. Il était prêt à croire que nous n'avions point voulu l'entendre, comme font tous ces médecins qui vous jugent sans vous connaître, sans savoir ce qui s'est vraiment passé, ce qui s'est vraiment dit. Nous n'étions que deux personnes qui ne comprenaient rien à ce qu'on tentait de leur expliquer.

La Dame se mit donc en devoir d'expliquer à ce monsieur que nous étions tout à fait capables d'entendre ce genre de propos et ce d'autant plus après tout ce que nous avions déjà vécu. Que ce n'était pas après m'être autant battue pour faire soigner mon époux, que tout à coup j'allais refuser d'entendre quelque chose d'aussi grave.

Mais ce monsieur imbu de lui-même,

avait, semble-t-il, la science infuse et ne s'imaginait que seul apte à décider de ce que nous savions ou non entendre et de la qualité, voire la capacité, de ses collègues à savoir dire et parler à leurs patients.

Malgré tout ce qu'il pouvait en penser ou croire, le chirurgien, quelque peu lâche sur ce plan là, lui avait laissé la charge de nous l'annoncer, voilà tout!

Nous ne sommes jamais revenus chez ce médecin incapable d'être auprès de ses patients, mais juste orgueilleux de sa fonction et de ce qu'il croit être devenu.

L'époux de La Dame fut soigné par un autre oncologue que nous trouvâmes plus prés de chez nous. Un homme cette fois-là, admirable, pas fier de sa personne, humble, à l'écoute, ne sous-estimant point les personnes devant lui, ayant la parole franche, il soigna l'époux de La Dame à l'aide de rayons qui résorbèrent les tumeurs restantes, mais occasionnèrent des effets secondaires chez le doux et tendre de La Dame qui lui laissèrent à penser qu'il pouvait la quitter à chaque instant.

Angoisses, terreurs nocturnes, horreurs diurnes... La Dame était alors en cure à Rochefort avec leur dernier fils, faisant de l'occasion des vacances familiales. Son époux dormait nuit et jour, mangeait très peu, avait perdu tous ses cheveux. Nous avions tous très peur de le perdre. Mon dernier fils se mit à faire une fois, deux fois, trois fois, quatre fois pipi dans la même nuit, toutes les nuits. La Dame mit alors cela sur le compte de ses angoisses, via son papa. L'enfant râlait tout le temps, pleurnichait pour un rien. Alors que c'était un enfant tellement gentil, agréable, serviable, n'ayant jamais un mot plus haut que l'autre, faisant toutes les volontés de son frère aîné, il était subitement devenu tout le contraire.

Je n'ai donc pas compris alors que nous

n'étions qu'en juillet ce qui lui arrivait. L'été passa ainsi. Son grand-père, qui est aussi le père de La Dame, ne cessait de me répéter qu'il était infernal... autant de signes qui n'étaient en fait que des alertes de ce qui lui arrivait.

Alors qu'il était entré au CP depuis fin août, le 21 septembre 2005, il se mit à faire pipi sur lui, en classe, par deux fois dans la même journée.

Bien que les autres mamans alentour, accusèrent tout de suite la dureté de l'instituteur, La Dame leur répondit que s'il avait dû avoir peur de ce monsieur, il aurait eu ses accidents urinaires bien plus tôt.

La Dame amenait donc le jour même son enfant auprès de son docteur qui cette fois-ci lui avait donné rendez-vous immédiatement en fin de soirée.

Après s'être très vite aperçue qu'il ne faisait pas d'infection urinaire, elle lui fit aussitôt une glycémie et dit à La Dame au vu du résultat « Il faut que vous alliez tout de suite aux urgences ».

Alors, comme les deux enfants de La Dame faisaient les fous dans le cabinet médical, elle lui répondit « cela peut peut-être attendre demain, regardez il n'a pas l'air bien malade! ». Elle comprit que la gravité de la situation était tellement peu visible qu'il fallait absolument parvenir à convaincre La Dame.

C'est alors que -voyant l'insistance de cette femme médecin qui n'avait pas hésité à abandonner sa famille à son malheur quelques mois auparavant avec un mari gravement malade qui aurait nécessité, alors, des soins urgents qu'elle n'a point voulu lui donner- La Dame s'est mis à envisager la gravité de la situation face à la soudaine réaction du médecin. Ce fut alors, la première fois que La Dame fut vraiment confrontée au diabète.

Là encore nous dûmes affronter un médical pas très habile dans sa capacité à savoir s'exprimer auprès des patients.

Le médical n'est bien souvent qu'un monde mécaniste dans lequel la parole est tabou, mal employée, souvent mal acquise, elle fait défaut à ces personnes qui sont sans cesse confrontés à la souffrance humaine.

Quelquefois même, en possession de quelques heures de formation psychologique, certains se permettent à l'égard de malades, la pratique d'une psychologie que La dame définit comme n'étant seulement que de « bas étage », parce ce n'est là qu'une psychologie qui se permet de juger, de déterminer les personnes et finalement de penser pour elles, sans même imaginer une seule seconde que l'autre puisse penser autrement! Ce n'est là qu'une vulgarisation d'une matière qui demande beaucoup d'années d'études avant de pouvoir espérer en comprendre quelques rouages. La psyché humaine reste d'un infini tel que nul ne peut prétendre en détenir tous les tenants et les aboutissants, juste éventuellement une simple compréhension ne s'appuyant au final que sur nos propres vécus bien trop personnels pour qu'ils puissent avoir la prétention de pouvoir s'appliquer à quelqu'un d'autre que soi.

Le pédiatre de l'hôpital fut odieux envers La Dame. Elle osait lui poser des questions qui, si elles paraissaient légitimes à La Dame, étaient inconscientes pour cet homme médecin qui savait quant à lui ce qui arrivait à l'enfant. Il fut tout aussi désagréable envers l'enfant qui ne comprenait pas ce qui se passait. (c'est là une anecdote que La Dame raconte déjà en un autre de ses ouvrages qui ne relève point pour sa part de l'anonymat.)

Quant à la diététicienne ce fut tout aussi inhumain de jugements sur l'autre sans savoir, sans connaître, juste en fonction d'un soi imbu de lui-même, une personne persuadée d'être la seule apte à bien penser, à détenir l'unique vérité...

Bref nous eûmes là, à faire à un médical totalement à côté de son rôle de médiateur, incapable d'expliquer, de savoir s'exprimer et surtout d'estimer autrui à sa juste valeur.

Un milieu qui n'a de cesse que de sous estimer systématiquement les êtres qui se trouvent en leur présence, méprisant la souffrance de ceux qui ne sont auprès d'eux qu'en fonction du besoin auquel il furent conviés aux suites du souci médical qu'ils sont en train de vivre, souvent de façon brutale, et parfois tellement violente, n'engendrant à cet instant précis qu'une douleur psychique inexprimable.

A cet instant précis l'enfant et La Dame n'eurent que cette chance de tomber sur un diabétologue à l'écoute, ne jugeant pas, disponible, à l'époque, pour ses patients et sachant entendre toutes les colères de malades et de leurs accompagnants, aux prises à une certaine forme d'incompréhension vis-à-vis d'une maladie complexe et de son caractère mortel ne relevant que de ce manque à gagner fonctionnel, lorsqu'il n'est point soigné avec sérieux et attention. Un médecin qui semblait d'un humanisme tel, d'une magnanimité sans commune mesure envers des patients exacerbés par ce qui leur arrivait alors.

Il fut à même à cet instant précis de soutenir ses patients, rien ne laissait présager qu'un tel être -toujours en butte au caractère vif et sans compromis d'une Dame qui avait déjà eu à vivre tellement de choses avant de le rencontrer- ne soit point à même par la suite de parvenir à orienter ce petit patient vers ce qui aurait été les meilleurs soins pour ce nouveau cas.

De fil en aiguille il le laissa traîner plus de quatre ans avec un traitement mal approprié, des taux très irréguliers et une mauvaise hémoglobine glycosylée.

Il supporta pourtant les harcellements constants d'une Dame qui ne comprenait pas d'avoir à se lever deux, trois, voire quatre fois par nuit pour éviter à son enfant des accidents en hypoglycémie à son réveil. Mais laissa cet enfant dans un déséquilibre glycémique qu'aucun choix thérapeutique qu'il faisait ne parvenait à réguler. La Dame sentant bien ne se battre que contre un moulin à vent, le médecin n'étant plus que préoccupé par des problèmes personnels qui empiétaient sur ses qualités de médecin, elle décida de faire des recherches quant à de nouveaux choix thérapeutiques possibles.

Tous les moyens furent employés pour « savoir ». Elle commença par faire des recherches en ligne, puis à rencontrer d'autres diabétiques et enfin à consulter de nouveaux diabétologues, afin d'avoir de nouveaux avis sur le problème de son fils.

Un fils qu'elle ne supportait plus de voir

en accident glycémique : méjugé par les autres quand il était en hyperglycémie devenant par ce fait même plutôt désagréable, ou encore ne se présentant plus qu'avec les facultés d'un « légume » quand il était en hypoglycémie.

A chaque démarche La Dame en référait toujours au « Doc » (comme elle l'avait surnommé), ne lui cachant aucun de ses faits et gestes, de ses découvertes, s'enquérant toujours auprès de lui de la valeur des renseignements qu'elle glanait d'une façon ou d'une autre . Les liens qui se tissèrent entre le médecin et la philosophe les invitèrent même à produire un livre que La Dame orienta principalement vers toutes les difficultés qu'elle avait pu rencontrer, se disant qu'avec un tel ouvrage elle aurait elle-même eu moins d'angoisses et moins de stress à chaque nouvel événement qui s'était présenté à elle.

La Dame pu prendre conscience que ce premier diabétologue avec qui elle avait noué de profonds liens d'amitié pour sa part, était bien le meilleur entre tous ceux auxquels elle avait eu à faire par la suite.

Toutefois elle eut aussi cette conscience personnelle de comprendre qu'il n'avait jamais vraiment été là dans les moments cruciaux.

C'est ainsi que La Dame dut faire toute seule des démarches qui incombaient au Doc, mais qui, aux prises à des soucis matériels personnels, n'avait plus guère beaucoup de temps à accorder à des patients qui au bout de quatre ans n'étaient plus que devenus mécontents. Le Doc ne supporta plus le franc parler d'une Dame qui le mettait tout à coup au pied du mur. La Dame n'a point épargné Le Doc, ne désirant si souvent que l'inviter à réagir en lui disant les pires choses qu'elle savait lui tenir à coeur sur sa propre personnalité de médecin désireux d'être reconnu par les autres pour ses réelles valeurs humaines de soignant consciencieux.

Jamais La Dame ne sous estima Le Doc, lui seul se fâcha pour avoir seulement pris au premier degré des propos que La Dame ne lui avait servi qu'à seule fin qu'il parvînt à réfléchir sur le réel et profond mal-être qu'elle était en train de vivre en présence de son fils qui n'allait visiblement pas bien du tout.

Cette Dame-là sait à présent que de tous les diabétologues rencontrés, seul le Doc fut humainement apte à la soutenir dans ses difficultés de mère bien malheureuse de voir son fils atteint de cette affection-là, et ceci même s'il ne sut point orienter son enfant vers l'unique thérapeutique qui pouvait lui convenir. Toutefois ce Doc-là ne veut point reconnaître, ce qui ne serait à ses yeux qu'un échec, c'est-à-dire que nous ne soyons que les seuls à l'origine de cette nouvelle thérapeutique qui convient bien à l'enfant.

Ainsi il ne se pense que comme étant le seul dépositaire du choix et s'est mis en tête d'être le premier à en avoir parlé, alors que jamais il n'avait signalé une telle orientation. Par contre au sein même de mon entourage, trois ou quatre personnes m'avaient signalé cette toute autre possibilité de traitement.

    La Dame s'empressait donc de lui en parler. L'événement est resté gravé en l'esprit de La Dame. Avant toute chose il lui signala que ce n'était point à préconiser à un enfant et se mit en devoir de ne lui en indiquer que les seuls inconvénients encourus avec ce type de soins. Il est évident qu'il ne faut point ignorer les difficultés que nous pouvons rencontrer, car bien au contraire ce ne sera qu'en connaissance de cause que nous pourrons agir pour le meilleur de la santé de l'enfant et, en conséquence, de La Dame. Mais il n'était, à son ton, nullement question de tergiverser, ce n'était point un traitement pour mon enfant.

    La Dame qui avait donné toute sa confiance en cet ami, le laissa seul décideur de la bonne orientation à prendre pour l'enfant.

Pourtant de jour en jour, les glycémies d'une irrégularité impressionnante, fatiguaient l'enfant et épuisèrent la mère qui y perdit en santé et pour finir en maîtrise de soi.

Assaillie par de nombreux aléas alentours, La Dame exténuée, n'en pouvait plus de voir d'autant tout cela, son enfant en des difficultés médicales insurmontables au travers notamment de malaises qu'elles occasionnaient de plus en plus régulièrement à l'enfant et en conséquence à sa maman. La Dame est devenue plus que mauvaise envers un Doc inerte, placide, ne la recevant plus comme il se doit, dans la confidentialité médicale requise en pareil cas. Car ce n'était plus que prise entre deux portes devant les autres patients, laissée à l'abandon dans des week-end interminables quand son propre enfant est en malaise, que La Dame s'est vue se fâcher avec Le Doc au vu et au su de tous. Ce public n'étant que trop heureux que quelqu'un ose enfin dire à un docteur ce que l'on pense d'eux tout bas sans jamais oser le leur avouer. Et ceci malgré même le fait que La Dame ait toujours estimé Le Doc, l'ait toujours évalué à sa hauteur intellective, n'attendant de lui que la rectification nécessaire aux injustes paroles de La Dame, pour n'aller que vers cette aura qu'elle lui a toujours attribuée. Mais ce pauvre Doc, plutôt en porte à faux face à ses difficultés à savoir être auprès des autres, à parvenir à échanger, à savoir communiquer, n'a été au final que mal jugé sur ses qualités professionnelles.

 Pourtant il ne paraît point souhaiter, au fond, inviter l'altérité à « bien penser sur lui », aussi a-t-il préféré fuir, désertant lâchement ses fonctions de médecin auprès de ce petit patient-là. Il a donc définitivement abandonné l'enfant d'une Dame devenue bien trop invivable et bien trop injuste envers lui.

La fin de La Dame

Ce fut alors l'ouverture d'esprit, la réalisation d'un soi personnel pour cette Dame, qui, tout à coup -se libérant d'un Doc qui ne parvenait point à savoir entendre l'immense souffrance de la mère- a su enfin ouvrir les yeux sur ce médecin. Il en ressortit une analyse en deux ouvrages traitant de cet « homme au grand coeur en privé » sous deux points de vue, l'un voulant n'inviter Le Doc qu'à désirer s'améliorer et l'autre ne l'envisageant que dans l'unique désespoir de ne pouvoir rien changer à son malheur d'homme uniquement déterminé par sa fonction, dans ce qu'il montre de lui, dans ses comportements et sa vie quotidienne.

La Dame a laissé le Doc la détruire, aveuglée par cette immense confiance qu'elle lui avait accordée et pour laquelle il n'a point su se montrer digne et reconnaissant. Ce n'était pour lui que selon ce que préconisait le philosophe Nietzsche, car ne se sentant que faible face aux capacités langagières de La Dame, il préféra la faire taire en ignorant ses propos pour détruire celle qu'il n'envisageait que bien trop forte que lui, n'ayant point, en homme trop fier, le courage de désirer lui montrer ses faiblesses. Ne sachant point répondre à La Dame, n'ayant point de langage, la difficulté à parvenir à communiquer du Doc ne put que le convier à fuir une Dame qui au final lui faisait peur.

A présent le Doc semble être tout autre que l'être qui avait su maladroitement se montrer aux yeux d'une Dame toujours à même de pouvoir l'écouter.

La Dame, quant à elle, est devenue plus lucide envers lui et ceci en réponse à ses attitudes personnelles qui devenaient elles aussi plutôt blessantes. Le Doc semble avoir reporté des ennuis personnels sur une Dame qui à la base ne lui avait rien fait, mais désirait seulement une meilleure santé pour son enfant.

A chaque fois elle a dû prendre sur elle les disputes comme si elle était l'unique responsable de quiproquo que le Doc semblait pourtant solliciter par des attitudes bien trop désinvoltes et manquant quelque peu de réel sérieux dans la prise de conscience d'un malaise et d'un mal-être bien réels pour ce petit diabétique depuis plus de quatre ans!.

Mais La dame pardonna tout à son mentor, parce qu'elle se savait redevable au Doc de cette fabuleuse histoire qui naquit entre eux, celle de cet extraordinaire jeu mutuel entre l'échange et le partage des idées.

La Dame a toujours su aussi reconnaître à quel point elle peut être envahissante et ceci notamment quand un de ses enfants est malade. Les exigences de La Dame envers le monde médical sont telles qu'elle devient dure et sévère envers ceux qui doivent soigner ceux qu'elle aime. La Dame saurait sacrifier jusqu'à son être le plus profond pour les trois amours de sa vie, son mari et ses deux garçons, trois êtres qui savent lui pomper toute son énergie et à qui elle cède tout, donne tout d'elle-même, au détriment de sa propre santé.

Alors face à pareil don de soi, aussi mentor soit-il, aussi Pygmalion le voit-elle, Le Doc ne fait tout de même pas le poids, n'arrivant donc qu'en quatrième position, et encore seulement s'il soigne bien son enfant, car sinon il est traité comme celui qui ne fait pas son travail, voire le fait mal.

Le Doc n'a pas su en tant que soignant dépasser ses susceptibilités personnelles et La Dame blessée au travers de la maladie incurable de son enfant, n'a su accorder aucune erreur au Doc.

Celui-ci ne l'envisageait au départ que comme une maman dans la peine, mais progressivement il s'est mis à lui en vouloir de ses attitudes désireuses d'avoir les meilleurs soins pour un enfant particulièrement difficile à soigner, dans une maladie qu'il ne parvint point à stabiliser.

Alors progressivement aussi La Dame s'est mise à en vouloir au Doc, de voir les enfants dans le même cas, autour d'elle, obtenir une santé relativement bonne tandis que le sien n'arrivait à rien et avait toujours une instabilité totale dans sa maladie.

Elle finit par l'accuser de ne pas faire ce qu'il faut. Après s'être renseignée auprès de tout ce qui pouvait lui fournir le moindre détail sur la maladie de son enfant, elle obligea Le Doc à recommander son enfant auprès d'autres docteurs qui (comme je le stipule précédemment) ne furent guère meilleurs soignants que Le Doc lui-même, elle obligea même Le Doc à changer d'orientation de soin pour envisager d'autres éventualités peut-être plus à même de parvenir à un meilleur état de santé pour l'enfant. Elle le harcela jusqu'à ce que son enfant obtienne ce qui allait lui convenir le mieux.

Cependant, de malchance en malchance, ce nouveau traitement, pourtant mieux adapté à cet enfant qui ne supportait plus déjà depuis plus d'un an de se piquer 5 à 6 fois par jour, fut long à mettre en place, n'invitant alors que La Dame à mettre encore en cause le Doc pour son apparente inertie.

Quand enfin le nouveau protocole put prendre effet, la malchance se poursuivant, des processus viraux nous mirent au départ des bâtons dans les roues, invitant encore La Dame à envahir Le Doc pour qu'il soigne cet enfant, mais devenu de plus en plus inaccessible, soignant son enfant dans les couloirs devant les autres patients, je me mis en colère pour cet enfant-là qui ne parvenait toujours pas au bout de près de cinq ans de maladie à être stabilisé.

C'est ainsi que de colère en colère,

d'incompréhension en incompréhension nous sommes parvenus à nous en vouloir l'un l'autre. A présent que l'enfant est à peu près stabilisé nous nous sommes séparés, fâchés. Et finalement cet enfant comptant si peu aux yeux du Doc, il nous a évincés de sa clientèle, ne désirant plus La Dame et ses exigences, l'enfant et ses difficultés.

Voilà comment Le Doc a tué la Dame le 19 juin 2010 dans un SMS qu'il lui envoya.

Un moyen de communication que pareil homme ne sut jamais utiliser. Dans une parole méchante et nombriliste, ce n'est qu'en accusateur qu'il se plaça comme si je fus la seule responsable d'un résultat que le soignant avait engendré par ses inconséquences, ses inattentions, son laxisme, ne traitant les patients que comme des êtres ayant besoin de lui quoi qu'il advienne et se pensant le seul capable à avoir un brin de lucidité face à ce qui nous arrive quand nous sommes invités à devoir le consulter.

    Il en a pourtant oublié à chaque fois l'essentiel : savoir dire, savoir prévenir, pour inviter ses patients à parvenir à se soigner, sans angoisses, sans surprises, mais le plus simplement du monde, autrement dit en sachant réagir même dans les pires situations et ceci sans forcément avoir besoin de lui dans les instants critiques qui peuvent se présenter en pareille maladie.

    Un autre docteur disait un jour à La Dame : « Il vous a rendu 'Doc' dépendante. », une parole qui est restée dans mon esprit, comme si ce médecin-là avait perçu que volontairement Le Doc avait fait en sorte que La Dame dépende de lui, ne lui délivrant les informations qu'au compte-goûte et, si souvent, lorsque déjà il était trop tard et qu'elle, seule à la maison, s'était retrouvée dans les pires situations de la maladie de cet enfant sans même savoir que faire, sans personne à atteindre, alors qu'il lui avait, d'autre part, plutôt déconseillé de se rendre à l'hôpital où il estimait qu'ils ne sauraient guère mieux qu'elle-même gérer pareille maladie.

Combien de fois s'est-elle sentie abandonnée avec son enfant en malaise profond dans sa maladie?

A présent elle ne les compte plus. Cette Dame eut des terreurs incommensurables, elle a beaucoup pleuré une solitude en pareils instants qui reste difficilement imaginable, la dernière n'étant que celle où en pleine nuit tout à coup elle crut sous la lumière blafarde de sa lampe bleue, voir son enfant mort, le corps mou et ne réagissant plus. L'horreur dans toute sa dimension qui ne l'invita qu'à une réaction très violente envers Le Doc, ne souhaitant plus alors qu'une seule chose, parvenir à l'injurier dans son être le plus profond.

Heureusement La Dame ne se laissant

jamais abattre même dans les pires situations, a toujours de la ressource et surtout de vrais copains* (et je dis bien « copain », car si aux amis je n'épargne rien, face aux copains par contre je sais me taire afin de ne point me fâcher avec eux.) sur qui elle puisse compter, parce qu'eux-mêmes ont à vivre des peines toutes aussi grandes, voire quelquefois plus grandes encore, ce ne sont que pareilles personnes qui peuvent entendre et comprendre la souffrance que La Dame vit et qu'elle endure, tout en sachant bien qu'il y a toujours pire.

 La Dame ne doit à présent la rupture avec Le Doc qu'au fait qu'en être chez qui la droiture est une règle de vie, elle dit ce qu'elle pense à ceux qu'elle envisage en véritable amis, a toujours le verbe haut, la parole franche, les idées dures à seule fin de réveiller les consciences à elles-mêmes, y compris la sienne propre.

Elle a pleinement conscience de ne pas être gentille, mais d'être sans faux semblant, réagissant immédiatement à ce qu'elle considère déplacé, injuste et sans raison. Réagissant plus violemment encore quand elle s'aperçoit que l'on a pensé abuser de sa crédulité, en l'ayant sous-estimée.

Cette Dame-là n'aime point les réactions irraisonnées, les attitudes irréfléchies de ceux qui font du mal sans même en avoir la moindre conscience et si souvent par simple manque d'identification personnelle, parce que **savoir se mettre à la place des autres, c'est savoir vivre auprès des autres.**

Une Dame qui n'est un « Cas » qu'en ce qu'elle diffère par son audace et son absence de frayeur pour son être personnel dès lors qu'elle estime se battre pour une cause juste ou qui mérite tout simplement d'être défendue.

Dès qu'elle se fait abuser, pour avoir osé donner toute son amitié à quelqu'un qui ne la méritait pas et qui sans vergogne se complaît à l'humilier en public, cette Dame ne peut plus se regarder, ne peut plus se supporter, voudrait disparaître de la surface de la terre.

 Bien plus que naïve, cette Dame-là fut d'une crédulité telle envers Le Doc -qui n'avait au fond que l'ingratitude pour enseignement, l'égoïsme de celui qui ne paraît que prétentieux au travers de ses propres susceptibilités- qu'elle se fit abuser impunément par cet homme à qui elle avait gracieusement offert ce don personnel sans rien en attendre en retour : l'amitié. Pourtant elle n'en avait pas pour autant souhaité servir de bouc-émissaire au Doc pour ses petits malheurs personnels en étant bafouée dans son intégrité la plus profonde de son être, de ses valeurs et de son savoir être auprès des autres.

 Comment pourrait-elle à présent oser vivre, oser sortir de chez elle, elle ne se sent que mal dans son esprit et dans son corps aussi, s'étant laissée démolir par ce Doc qui ne pensait à rien en faisant cela, si ce n'est peut-être la faire souffrir le plus intensément possible en être vindicatif qui ne supportait plus tous les méchants propos d'une Dame dans la souffrance pour son enfant. Chez lui la cruauté tout à coup a pris la place de la bonté qui l'habitait.

Ne comprenant plus ce qu'est un malade, ce qu'est un patient, ce que peut être un accompagnant, il en a oublié toutes les valeurs essentielles de son métier de soignant. Docteur Jekyll ou Mr Hyde son ambivalence ne fait que prévaloir les deux versions du *Cas Doc* qui tout à coup ne révèlent au sein même de leur valeur propre que d'une part le sympathique et d'autre part l'odieux personnage.

La Dame a invité le Doc à se présenter en humain balourd, et non plus en soignant, ne créant plus qu'une situation pathétique.

Prenant à coeur tous les méchants propos d'une Dame qui voulait faire réagir le soignant et qui ne parlait que sous le coup de la colère de celle qui souhaiterait tant qu'enfin quelqu'un parvienne à soigner son enfant, Le Doc sut montrer à quel point les propos de La Dame pouvaient le blesser, prêtant à cette Dame une importance qu'elle n'aurait jamais dû avoir à ses yeux, et qu'elle n'aurait pu, quant à elle jamais imaginer.

Ainsi Le Doc donna à la Dame un pouvoir d'être auprès de lui et dans sa vie que seules ses sensibilités influençaient. A présent qu'il lui a permis de l'atteindre à travers des propos que La Dame ne mesurait plus sous l'effet de la colère et de l'angoisse que les malaises de son enfant lui occasionnaient, Le Doc déteste une Dame qu'il n'a point su ni entendre, ni comprendre.

La dimension de la souffrance de

l'accompagnant qu'elle représente lui a échappé. Le Doc n'a su au final qu'abandonner son patient à sa maladie et sa maman à ses méchantes paroles.

Ce ne serait donc que par manque d'utilisation de son entendement qu'il se laisserait, à présent, porter par des apparences que lui seul a mises en place.

Pourtant La Dame n'en veut point au Doc. Elle lui pardonne tout, parce qu'elle ne s'en veut qu'à elle-même de l'avoir surestimé, imaginé tout autre que ce qu'il montre à l'heure actuelle. Elle garde au fond d'elle cet espoir de l'homme qu'elle a su voir et qui s'est dévoilé à elle. Des souvenirs d'instants de vie que Le Doc lui narra et que jamais elle ne racontera, mais qui lui permettent de garder envers lui, cet unique espoir qu'il soit un jour capable d' « être », et donc d'exister en ce monde, en se réveillant à ce qu'il montre et à ce qu'il est vraiment auprès des autres.

Le Doc n'est que cet espoir, au fond, d'être cet être sensible et affectueux que La Dame a connu.

* concernant l'emploi du mot « copain » : il est ici désiré en tant que tel, car je fais la différence entre un copain et un ami. En ce qui concerne le premier, je me garde bien de lui dévoiler toutes mes pensées, toutes mes analyses personnelles par unique peur de le perdre, c'est là un certain manque de confiance en sa capacité à parvenir à pouvoir me comprendre. Quant au second par contre, je lui dis tout, l'estimant tout à fait capable de pouvoir accéder à mon être le plus profond, et ce n'est donc, qu'au travers d'une absolue confiance en lui, que j'estime n'avoir jamais à le perdre quoi que je puisse lui dire, parce qu'il est l'ami véritable.

Pourquoi
Le Cas Dame

Voici une forme d'autobiographie bien plus que personnelle, une auto-évaluation de soi et de son propre vécu, de façon aussi réaliste que possible en restant très attachée aux faits tels qu'ils se sont présentés à La Dame, tout au long de son parcours.

Un essentiel d'elle-même qui occulte certains événements jugés, par La Dame, comme relevant seulement d'un inessentiel sans réelle valeur fondamentale pour mériter de figurer ici.

Cette Dame que je suis est née comme Athéna, les armes pour la justice et pour la paix à la main, ne désirant que le meilleur à ceux qu'elle aime, et, pour se faire, n'en cachant rien de ce qu'elle voit (ou croit voir) et de ce qu'elle pense.

Toujours attachée à ne point être injuste envers les autres, La Dame est toujours prête à entendre ceux qui estiment qu'elle puisse se tromper dans ses impressions ainsi qu'en ses pensées. Seuls de bons arguments dignes d'un entendement rationnel seront recevables à ses yeux, parce que tout ce qui ne repose sur aucun fondement réflexif n'a pour la philosophe aucune raison d'être.

Mais dès lors que les arguments sont bien pensés, que la raison humaine entre en ligne de compte, alors l'attention de La Dame est telle qu'elle peut réviser, voire quelque fois en totalité, ses propres opinions sur le sujet concerné.

A l'écoute et toujours prête à discuter, cette Dame-là sait ne point avoir raison et douter d'elle-même, pour le meilleur de sa personnalité. Parce que tout le monde a droit à l'erreur et que celle-ci n'est qu'un véritable enseignement de soi et sur soi.

La Dame conclura en disant qu'il nous faut savoir préserver dans nos vies ce qu'il y a de plus beau, de plus haut, de plus noble : qui n'est autre que l'intelligible. Car quand il se présente à nous ce n'est qu'un vrai cadeau de l'immanence, tel un don du ciel. Alors ne passons surtout pas à côté.

Bien à vous tous.

La Dame

Rappel

Pourquoi ce pseudo « La Dame » ?

Ceci en référence à la chouette effraie, surnommée la dame blanche.

Cet animal, avant tout symbole des philosophes, est l'animal qui représente la déesse Athéna. Elle le doit à cet épithète grec *glaukopis* qui possède deux interprétations « à visage de chouette » tout d'abord, mais je choisirais plutôt la seconde qui est « aux yeux brillants », parce que ce n'est au fond que toutes ces nuits blanches qui m'ont invitées en nyctalope à écrire toutes ces lettres.

Antique princesse de la mer Égée, élevée à une place dominante dans le culte ouranien celui de l'oiseau, elle est la déesse de la fécondité et de la sagesse, **la vierge protectrice des enfants**, la guerrière inspiratrice des arts et des travaux de la paix.

Cette reine jaillit du front de son père,

Zeus, qui voulut, en avalant Métis sa mère, l'empêcher de naître par peur d'être le père d'un fils plus puissant que lui-même. Libérée par Héphaistos elle poussa un cri de guerrière tout en surgissant les armes à la main. Ce n'est que ce combat pour la paix, la justice, l'acceptation de l'autre tel qu'il se présente à nous, une bataille contre nature, s'opposant, dans la lutte, à toutes ces maladies qui aliènent l'Homme dans une différence handicapante, qui m'apparente à cette princesse des mers, cette reine du ciel et de la terre, à travers cette seule et unique sagesse d'esprit que je lui envie.

« Sa naissance fut comme un jaillissement de lumière sur le monde, l'aurore d'un nouvel univers, semblable à une vision d'apocalypse.(...) Une pluie de neige et d'or se répandit sur la ville de sa naissance : neige et or, pureté et richesse, venant du ciel avec la double fonction, celle qui féconde comme la pluie et celle qui illumine comme le soleil. » Voilà ce qu'il est permis de lire dans *Le dictionnaire des symboles* de Jean Chevalier et Alain Gheerbrant aux éditions Robert

Lafon.

Elle n'est qu'un espoir de nous et de ce combat pour la vie dans l'équité et le bonheur pour tous.

A bientôt dans les ouvrages de La Dame qui existent déjà en deux tomes de lettres faites principalement et essentiellement au Doc, mais réécrites, pour vous, quelque peu différemment.

ISBN : 9 782810 620043

Editions : BOD Gmbh, 12/14 rond point des Champs Elysées, 75008 Paris